中国少年儿童科学普及阅读文库

探索·科学百科™ 中阶

间谍揭秘

[澳]梅瑞斯·柯思坦◎著
余倩(学乐·译言)◎译

全国优秀出版社
全国百佳图书出版单位
广东教育出版社

广东省版权局著作权合同登记号

图字：19-2011-097号

本书原由 Weldon Owen Pty Ltd 以书名*DISCOVERY EDUCATION SERIES · Spies Revealed*

（ISBN 978-1-74252-199-2）出版，经由北京学乐图书有限公司取得中文简体字版权，授权广东教育出版社仅在中国内地出版发行。

图书在版编目（CIP）数据

Discovery Education探索·科学百科. 中阶. 4级. A2，间谍揭秘/［澳］梅瑞斯·柯思坦著；余倩（学乐·译言）译. —广州：广东教育出版社，2014.1

（中国少年儿童科学普及阅读文库）

ISBN 978-7-5406-9486-9

Ⅰ.①D… Ⅱ.①梅… ②余… Ⅲ.①科学知识—科普读物 ②间谍—情报活动—世界—少儿读物 Ⅳ.①Z228.1 ②D526-49

中国版本图书馆 CIP 数据核字(2012)第167705号

Discovery Education探索·科学百科（中阶）
4级A2 间谍揭秘

著 ［澳］梅瑞斯·柯思坦　　译 余倩（学乐·译言）

责任编辑 张宏宇　李　玲　丘雪莹　　**助理编辑** 李颖秋　于银丽　　**装帧设计** 李开福　袁　尹

出版 广东教育出版社

　　地址：广州市环市东路472号12-15楼　　邮编：510075　　网址：http://www.gjs.cn

经销 广东新华发行集团股份有限公司　　　　　　**印刷** 北京顺诚彩色印刷有限公司

开本 170毫米×220毫米　16开　　　　　　　　**印张** 2　　　　**字数** 25.5千字

版次 2016年5月第1版　第2次印刷　　　　　　**装别** 平装

ISBN 978-7-5406-9486-9　　**定价** 8.00元

内容及质量服务 广东教育出版社 北京综合出版中心

　　　　电话 010-68910906 68910806　　网址 http://www.scholarjoy.com

质量监督电话 010-68910906 020-87613102　　**购书咨询电话** 020-87621848 010-68910906

Discovery Education 探索·科学百科（中阶）

4级A2 间谍揭秘

全国优秀出版社
全国百佳图书出版单位

广东教育出版社 学乐

目录 | Contents

什么是间谍？

间谍受雇于某个国家或组织，负责处理秘密情报。一些间谍负责搜集与他国计划或武器相关的绝密情报；还有一些间谍则在办公室工作，分析前线间谍采集的情报。间谍不仅需要识别来自国家内部和外部的威胁，有时也需要制造虚假情报并加以传播，以欺骗敌人。

人们常常以为，间谍的生活独特又刺激。但是，许多间谍为隐藏身份，多年来做着枯燥无聊的工作，直至获得国家需要的秘密情报。

东京玫瑰

第二次世界大战期间，日本多名女播音员向太平洋上的美军发送广播，意图通过播放音乐、发布美国战败的消息打击美军士气。美军称这些女播音员为"东京玫瑰"，户栗郁子便是其中之一，她战后被捕，入狱6年。

罗森伯格夫妇

朱利叶斯·罗森伯格和埃塞尔·罗森伯格是美国公民。两人因共谋为前苏联窃取美国原子弹情报被指控间谍罪。虽然他们坚称自己是无辜的，但仍于1953年被处决。

> 了解你将要成为的角色——他们的衣着、想法和反应。
>
> ——美国个人伪装手册

不可思议！

法国人李奇伯是史上最娇小的间谍，身高仅58厘米。他伪装成婴儿，将秘密情报藏于自己的衣服中，进出巴黎。

隐藏身份行动

间谍在行动的同时，要避免被抓住。好的伪装和不引人注意的能力必不可少。

剑桥间谍

　　20世纪30年代，5个英国年轻人受雇于前苏联，成为间谍。其中包括金·费尔比，他是剑桥大学的学生；另外一人（图中站立者）是剑桥大学的导师。他们都信仰共产主义。第二次世界大战期间，这些年轻人从英国情报机构和外交部窃取秘密情报，并传递给前苏联。

间谍史

间谍活动始于几千年前。国王和其他统治者雇佣间谍潜入敌营。这些间谍负责计算敌营中兵士的数量，或偷听敌营领导者对攻击计划的讨论。如果间谍能够提供重要情报，就会成为英雄，并获得丰厚的奖赏。而一旦任务失败或被抓获，即遭处决。

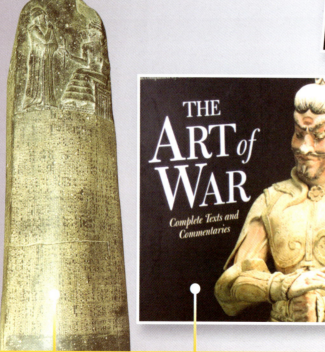

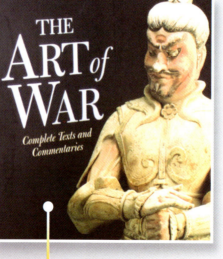

公元前1800年

古巴比伦时期，国王汉谟拉比的间谍从美索不达米亚平原邻近部落窃取的泥版上。营地和村庄的信息都刻在这些泥版上。

公元前500年

中国的著名军事家孙武编写了《孙子兵法》，这是已知最早的兵书。共分为13章，其中一章"用间篇"，讲述了5种间谍的配合使用。

公元1570年

弗朗西斯·沃辛汉姆爵士是英国女王伊丽莎白一世的首席顾问，他建立了一个强大的间谍网络。沃辛汉姆爵士在欧洲各地搜集情报，并揭发了一起企图刺杀女王的阴谋。

17世纪

红衣主教黎塞留是法国宰相。他建立了一支秘密警察部队，名为"黑色小屋"（Cabinet Noir），用以暗中监视贵族。几乎每位剑术教师都是他派出的间谍。

1861~1865年
　　美国内战期间，间谍首次利用摄影和电报技术，利用热气球航拍照片可以显示出敌人的行动。

1914~1918年
　　1914年，第一次世界大战打响之时，各国招募了数千名间谍。最开始，间谍培训水平很差，大部分间谍的成功都是源自天赋。

1939~1945年
　　第二次世界大战期间，间谍培训水平大大提高。间谍有组织、有网络地开展活动，并使用复杂的代号来传递情报。女性间谍开始出现，且常常担任情报员的工作。

1945~1991年
　　冷战期间，美国和前苏联开发出各种技术，包括卫星、核潜艇以及侦察机，用以窥探对方的武器供给。

2001年
　　为准备"9·11袭击"，基地组织的恐怖分子利用一种名为"steghide"的系统，将地图和袭击目标的照片，隐藏于网络上的普通照片中。

间谍通缉令！

间谍有许多种，从特工到双重间谍，再到分析员和卧底，不一而足。一些间谍负责搜集情报，另一些则帮助自己的国家抵御敌国间谍。在秘密特务组织中，负责监督所有不同间谍角色的人，叫做间谍组织首脑。

暗杀者
约翰·威尔克斯·布斯
（1838~1865）

美国内战后，布斯同情南部联邦。由于林肯政府反对奴隶制，于是布斯密谋暗杀当时的美国总统亚伯拉罕·林肯。布斯在华盛顿特区一家剧院刺杀了林肯总统。

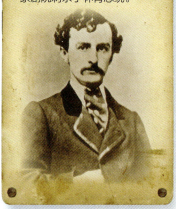

情报员
阿尔弗雷德·弗伦泽尔
（1899~1968）

弗伦泽尔是一名捷克斯洛伐克间谍，代号安娜。他为捷克斯洛伐克国家安全局提供西德和美国的情报，包括文件、照片等。

双重间谍
达斯科·波波夫
（1912~1981）

第二次世界大战期间，德国雇佣波波夫暗中侦查英国。但整个过程中，波波夫实际上是一名双重间谍，他同时也将德国的秘密情报交给英国秘密情报局和英国安全局。

间谍组织首脑
斯蒂拉·利明顿女爵
（1935~）

1992年至1996年期间，利明顿担任英国国家安全局（即军情五处）的负责人。她是已知的首位成为大国间谍组织首脑的女性，并从事反间谍和反恐工作。

卧底
奥德里奇·艾姆斯
（1941~）

卧底是潜伏于某个组织内部的间谍。1985年，美国中央情报局高级特工艾姆斯，接受了前苏联克格勃（即前苏联国家安全委员会）的任务，自此，他一直向前苏联提供秘密情报，直至1994年被捕。

叛变者
弗拉基米尔·彼得罗夫
（1907~1991）

彼得罗夫及妻子伊芙多西亚曾是前苏联间谍。1951年，两人被派往澳大利亚，从事间谍活动和间谍招募工作。1954年，彼得罗夫变节，转而向澳大利亚提供前苏联的秘密情报。

分析员
安娜·蒙特斯
（1957~）

蒙特斯是美国国防情报局的高级分析员。她曾向古巴提供秘密情报。2001年，蒙特斯被捕，并被指控共谋罪和间谍罪。

> 情报不能让你百战百胜，但永远不会让你措手不及。
>
> ——腓特烈大帝（普鲁士国王）

破坏者
维吉尼亚·霍尔
（1906~1982）

美国人维吉尼亚·霍尔，被视为第二次世界大战期间最危险的间谍之一。她伪装成法国农场工人，同时身兼电报员和情报员，组织了针对德国军队的破坏行动。

玛塔·哈丽

玛塔·哈丽的真名是玛格丽莎·泽莱，她是第一次世界大战中的一位欧洲间谍。在各类聚会上，这位美丽的交际花结识了许多不同国家、身居要职的军人。德国政府认为她可以做间谍，于是让她从英国和法国的友人处搜集情报。玛塔·哈丽觉得这是赚钱的好方式，而且很有趣，于是同意为德国从事间谍活动。

据称，法国曾请她做双重间谍，希望她也能从其德国友人处获取情报，并交给法国。

舞台上

玛塔·哈丽曾在巴黎做舞女。她的舞蹈技艺来自在印尼时的舞蹈训练。她的名字意为"日出"或"天眼"。

枪决

1917年10月，玛塔·哈丽以德国间谍的身份被法国逮捕。她被判有罪，并执行枪决。

不可思议！

玛塔·哈丽把自己的间谍生涯视作一场游戏，在被判处死刑时，她还大叫："不可能！"许多书籍和电影都讲述了她的故事，甚至还有一款关于她的电子游戏。

不可思议!

波波夫最大胆的行为之一，便是用德国的资金在英国设立了特务组织。"纳粹"不知道特务组织的所有成员实际上都是英国军情五处的特工。

詹姆斯·邦德

伊恩·弗莱明是《詹姆斯·邦德》系列小说的作者。第二次世界大战期间，身为海军情报官员的弗莱明，结识了达斯科·波波夫。多年后，弗莱明以花花公子波波夫为蓝本，塑造出了詹姆斯·邦德这个角色。

达斯科·波波夫

1912 年，达斯科·波波夫出生于南斯拉夫。帅气又多金的他，过着富有的花花公子生活，并以此掩护自己的间谍活动。

波波夫会说多国语言，并且在整个欧洲都有身居高位的朋友。第二次世界大战初期，德国雇佣波波夫作为间谍，前往葡萄牙搜集情报。然而，波波夫因鄙视"纳粹"，于是又同时效力于英国，为军情五处和军情六处担任双重间谍。波波夫于 1981 年去世，享年 69 岁。

写书的间谍

1974 年，达斯科·波波夫出版了一本自传——《间谍，反间谍》。英国情报当局为他取的代号是"三架马车"。

南希·韦克

澳大利亚记者南希·韦克，是第二次世界大战期间的著名间谍。1939 年，德国入侵法国，当时居于法国的韦克决定帮助法国。她开始为法国抵抗组织做情报员，向法国偷传信息、偷运食品，她的间谍生涯一直险象环生。

1943 年，韦克在苏格兰接受专门的间谍培训，学习如何收发加密的信息及使用武器。此后，她跳伞返回法国，帮助法国抵抗组织的战士们。

白鼠

南希·韦克是德国秘密警察通缉名单上的头号人物。她的代号是"白鼠"，因为韦克常常成功摆脱德国的追捕。

英勇勋章

因为自己的英勇行为，南希·韦克荣获了很多勋章，其中包括美国总统自由勋章、乔治勋章以及法国十字军功章。她也是法国荣誉军团的军官。

不可思议！

一次，德国的突袭致使法国抵抗组织丢失了无线电通信密码；韦克骑行了三天，行程 480 千米，总算找到了一个无线电操作员，才得以向英国请求新的密码。

**秘密无线电通信
设备**
  莫洛迪在自己的
地窖里藏匿了一台无
线通信设备，用它向
莫斯科发送消息。

不可思议！
  前苏联为科农·莫洛迪伪造
了一个全新的身份——戈登·朗
斯代尔。朗斯代尔本人是一个加
拿大男孩，多年前死于芬兰。

科农·莫洛迪

冷战时期，科农·莫洛迪居于伦敦，是前
苏联间谍。他 1922 年出生于莫斯科，
11 岁就开始接受间谍培训。培训期间，
他迁居美国加利福尼亚州生活了 5 年，学习美国
人的打扮、说话方式和举止，之后继续在前苏联进
行间谍培训。

  1954 年，莫洛迪移居伦敦，伪装成一个加拿
大商人。他真正的任务是搜集英国空军基地及核潜
艇的情报。1961 年，莫洛迪被捕，前苏联用一名英
国间谍将他交换回国。

前苏联间谍组织
  莫洛迪是特务组织波特兰间
谍组织的首领。该组织在伦敦一
幢房屋内运作。

间谍工具

千百年来，间谍能够利用的都是一些简单的小工具。他们用隐形墨水撰写秘密情报，或用信鸽将信息送回基地。20 世纪以来，许多新型设备开始在间谍活动中发挥作用。间谍开始用照相机拍摄敌人的据点和武器；用无线电设备发送消息；利用复杂的机器、使用复杂的代码和密码将情报加密。间谍窃取秘密情报时所使用的装备，被美国中央情报局称为"窃听器"。

纽扣相机

纽扣相机是一种微型摄像机，可以藏于间谍的衣服中，镜头隐藏在纽扣中。

烟盒无线电发射机

隐藏在烟盒下半部的无线电发射机

形状微小的话筒连接在一块电路板上。

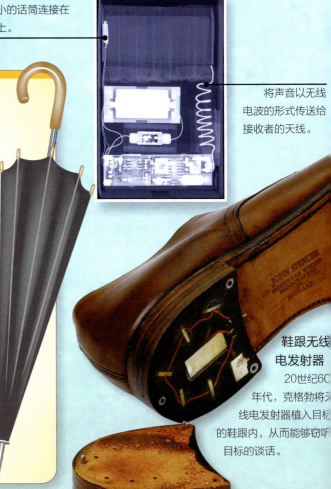

将声音以无线电波的形式传送给接收者的天线。

乔治·马可夫

乔治·马可夫是一名记者，经常抨击保加利亚政府，于是该国政府决定让他消失，雇佣了一名暗杀者暗杀马可夫。1978 年，在伦敦滑铁卢桥上等公交车时，马可夫感到腿部一阵剧痛，数天后身亡。

1.52毫米

死亡颗粒

杀死马可夫的颗粒含有蓖麻毒素，这是一种致命的毒药。

致命雨伞

暗杀者使用一把雨伞，近距离发射毒药颗粒，击中了马可夫的腿部。

鞋跟无线电发射器

20世纪60年代，克格勃将无线电发射器植入目标的鞋跟内，从而能够窃听目标的谈话。

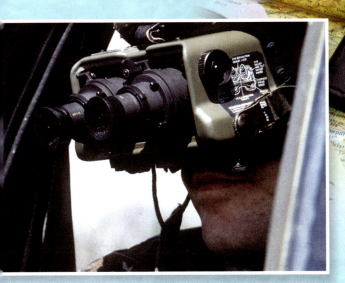

夜视镜

　　夜视镜能捕捉夜晚或阴暗条件下的微光，并将其放大，从而让间谍在黑暗中也能看清东西。

必备文件

　　要成功地完成间谍任务，间谍们需要携带一些必要物品，如假护照、地图以及目标和建筑物的照片。

间谍监视工具箱

　　间谍通常会将任务需要的设备都放在一个便利的容器内。外观上，它也许就像一个普通的公文包，但是内部却装满间谍工具：装置在钢笔内的微型摄像机和录音设备，以及其他日常办公设备。

Q 博士的原型

查尔斯·弗雷泽−史密斯

查尔斯·弗雷泽−史密斯（1904~1992），是《詹姆斯·邦德》系列小说中Q博士的原型；该系列小说的作者是伊恩·弗莱明。

学生时期，查尔斯·弗雷泽−史密斯就善于制作东西。经历过各种各样的工作后，他获得了英国供应部的一个职位，这份工作是为军队设计服装。但实际上，他真正的工作是为在隔壁的军情五处，发明巧妙的小装置，帮助战俘逃脱追捕或帮助特务侦查"纳粹"。他的工作十分隐秘，就连他的上司和秘书都不知道他到底在做什么。

战后，在《国家保密法》的许可原则下，弗雷泽−史密斯撰写了多本出版物，记述自己战时的冒险经历。他保留了自己发明的许多装置，且每年举行一次演讲，向公众解释如何使用这些装置。

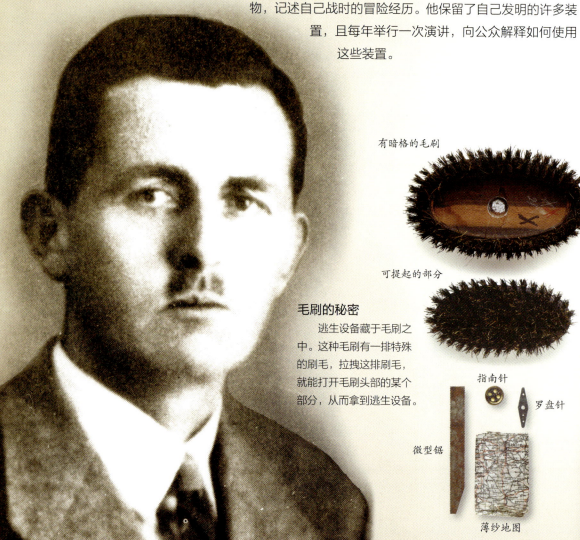

有暗格的毛刷

可提起的部分

毛刷的秘密

逃生设备藏于毛刷之中。这种毛刷有一排特殊的刷毛，拉拽这排刷毛，就能打开毛刷头部的某个部分，从而拿到逃生设备。

指南针

罗盘针

微型锯

薄纱地图

貌似普通扑克牌　　隐藏的地图　　有编号的地图

不可思议！

伊恩·弗莱明在自己的小说中用到了弗雷泽-史密斯的一些发明，其中包括隐藏在高尔夫球内的指南针，以及用干冰保存尸体的行李箱。

电影中的Q博士

《007》系列电影已历时多年，拍摄多部，片中的Q博士也几易演员，饰演者包括戴斯蒙德·莱维林（如图）、彼得·伯顿以及喜剧演员约翰·克里斯。Q博士的职位是军需官（Quartermaster），Q代表他的职位，而非名字。Q博士全名叫梅杰·布斯罗伊德。

协助逃跑和躲避

弗雷泽-史密斯是个将小工具藏于日常用品的高手。他制作出微型金属锯，并将其缝在鞋带里；把敌人领地的地图装进耐火的烟斗中；把微型摄像机放在打火机里。其他发明包括装有摄影胶片的修面刷，以及藏有指南针和地图的钢笔。他甚至还将地图藏在扑克牌里——每张牌的表层都能浸脱，从而露出藏于下面的地图，每部分地图都有编号，按编号将每块地图拼起来就是一张大地图。

1.间谍在夜幕的掩护下找到情报秘密传递点。

2.间谍拿起存放情报电子传输装置的容器——一块中空的岩石。

莫斯科情报秘密传递点

2006年，俄罗斯一家电视台播出了一组图像，公布了一名英国间谍在莫斯科一个公园里，利用一块中空的岩石进行间谍活动的画面。

3.间谍确认岩石中放有传输设备。

树桩无线电发射机

20世纪70年代，美国中央情报局的这台窃听装置，被巧妙地伪装成树桩，放在前苏联某个基地的附近，得以让美国监视该基地的信息传输。

情报秘密传递点

处理绝密情报可能是非常危险的事情。许多间谍在交付、接收或传递指令的时候被抓获。情报秘密传递点是间谍留下指示、设备、情报或钱物的安全地点，供其他间谍获取这些东西。这比现场交换更安全，因为间谍们无需碰面。物品被放置在专门设计的秘密容器中。

情报秘密传递点必须很不起眼，不能让普通公众注意到，但又要便于其他间谍找到。户外场所如公园或桥梁，是藏匿情报的最佳场所。

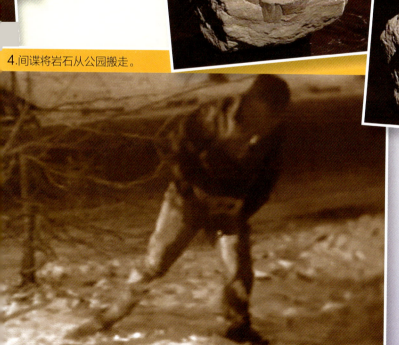

4.间谍将岩石从公园搬走。

间谍岩石

莫斯科"间谍岩石"里面装有一个秘密的可拆卸面板。内部是一个高科技通信系统，能够发送和接收电子讯息。传递情报的间谍可利用某种手持设备，将数据无线传输到岩石中；另一方面，其他持有类似设备的间谍也能从中接收情报。

情报加密

为了保密，间谍通常会使用代码或密码对信息进行加密，希冀敌人无法解读。公元前 5 世纪，希腊人使用的密码棒是最早的加密工具之一。信息被写在一张纸条上，只有将纸条螺旋绕在某一特定粗细的棍子上，才能被解读。古罗马时期，恺撒大帝给自己的将军们发送秘密消息时，会将每个字母都用字母表中后三位的字母代替。破译密码是情报机构的一个重要职责。

杰斐逊密码轮

　　18世纪时，托马斯·杰斐逊发明了密码轮。26个圆盘套在一根杆子上，每个圆盘的侧面都刻有26个字母，顺序随机。加密的时候，间谍只要转动各个圆盘，让信息对应成一条线即可。

密码盘

　　1467年，莱昂·巴蒂斯塔·阿尔伯蒂发明了密码盘。最早，密码盘上的字母写在两个圆环上。将两个环上的字母一一配对，间谍就能够创造和破译加密的信息。左图为美国内战期间所使用的密码盘，刻有标点符号和更多的数字，这样敌人更难破译密码。

恩尼格玛密码机

第二次世界大战期间，德国创造了复杂的恩尼格玛密码机。它由齿轮、键盘和灯组成，可将情报加密成无意义的代码，且加密后的信息只能被另一台恩尼格玛密码机破译。该密码机有 1.5 亿种不同的加密方式，而且每天都在变化。德国人相信，这样的加密信息永远无法被破译，于是使用恩尼格玛密码机发送关于军事行动的绝密消息。但是，一位杰出的英国数学家阿兰·图灵，最终成功破译并解读了德国的信息，帮助缩短了战争进程。

阿兰·图灵

英国人阿兰·图灵（1912~1954）是一个数学天才。第二次世界大战期间，他在政府代码及密码加密学校工作，该校位于布莱切利公园。

情报局为您服务！

国家需要抵御潜在的敌人，保护自己不受伤害。因此，它们成立情报机构，搜集和分析他国可能的攻击行为。这些机构招募并培训间谍，然后派他们执行秘密任务。

人们加入情报机构的原因各异。有些人可能只是想冒险或找刺激，另一部分人则是出于对国家的自豪感和忠诚。战争时期，人们也许是因为责任感加入情报机构，而另一些人只是想赚钱。

街道安全

许多国家的政府都会在建筑物上安置闭路电视，记录过往行人的活动，以对公民进行大规模监督。闭路电视被视作打击犯罪和恐怖主义的方式之一。

俄罗斯莫斯科克格勃总部

前苏联情报机构克格勃成立于1954年，时值冷战时期。克格勃总部位于莫斯科，是全球最大的情报机构，拥有多达50万名员工。克格勃的间谍分布在前苏联内外，尤其是西方国家，如美国和英国。20世纪90年代初，克格勃被关闭，随即被其他机构取代。

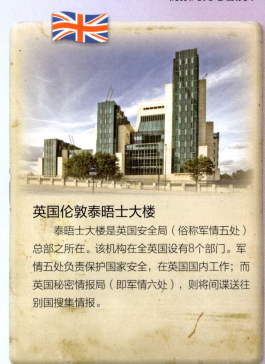

英国伦敦泰晤士大楼

泰晤士大楼是英国安全局（俗称军情五处）总部之所在。该机构在全英国设有8个部门。军情五处负责保护国家安全，在英国国内工作；而英国秘密情报局（即军情六处），则将间谍送往别国搜集情报。

安全监控器

纵观历史，人们发明了各种方法，用以确保自己的人身安全不受威胁。比如在山冈上建造堡垒，建造城墙包围城镇，修护城河环绕城堡。如今，现代技术已经取代了石墙。建筑物中通常装有视频监控系统，防范入侵者。每个房间或关键区域——如电梯——的图像，都会发送至控制室。

美国弗吉尼亚州兰利市中央情报局

美国中央情报局成立于1947年。该机构负责搜集外国政府、人民和企业的情报，然后递交给美国高层决策者。中央情报局也会通过其特别行动处实施秘密行动。中央情报局内的部门包括反情报中心分析组以及武器情报和武器控制中心。

空中间谍

侦察机和间谍卫星用于侦察敌人的军事基地和武器。它们的摄像机非常强大，能够拍摄到足球大小的东西。图像通过无线电传回地球。隐形飞机由特殊材料制成，雷达难以发现。"全球鹰"能够无人驾驶，且每次能在空中停留 24 小时。

鸟瞰视图

间谍卫星，如以色列爱神B，能够拍摄建筑物、设施、车辆，甚至人的局部特写图。2006年的一张高清照片，显示了叙利亚的幼发拉底水坝（又称泰巴盖坝）。

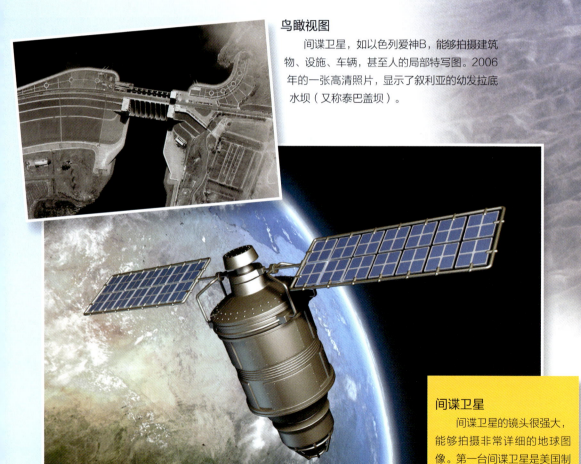

间谍卫星

间谍卫星的镜头很强大，能够拍摄非常详细的地球图像。第一台间谍卫星是美国制造的，名为"日冕"，1960年发射，用来拍摄前苏联的照片。

黑鸟SR-71A

　　黑鸟是有史以来最棒的飞机之一。它的飞行速度能达到3315千米/小时，机身可以偏转和吸收雷达波，难以被发现。

曼斯维山

　　英国约克郡的曼斯维山，是世界上最大的电子监控站。它提供来自其他国家卫星传输的信息，同时也是导弹预警站点。

21 世纪的间谍

2 1 世纪，电脑及其操作者成为了新型间谍。他们能够侦查到其他电脑上的内容和它们传输的信息。现代间谍还使用复杂的技术（如电子指纹）向同谋者发送信息，尤其是目标的照片和地图。他们把真正要发送的照片隐藏于普通照片中，然后将处理过的普通照片放在某个公共网站或聊天室里。接收照片的间谍将"普通"照片下载到自己的电脑上，然后运行电子指纹识别程序，获得秘密图像。在计划"9·11袭击"时，恐怖组织基地组织就使用了这种方法。

和DNA一起发送信息

现在，间谍可以利用人类DNA分子中重新排列的化学"字母"作为代码，加密并彼此发送信息。间谍将分子代码隐藏于含有数以百万计的其他分子的滴液之中，将滴液滴在一张纸上，通过信件发送。

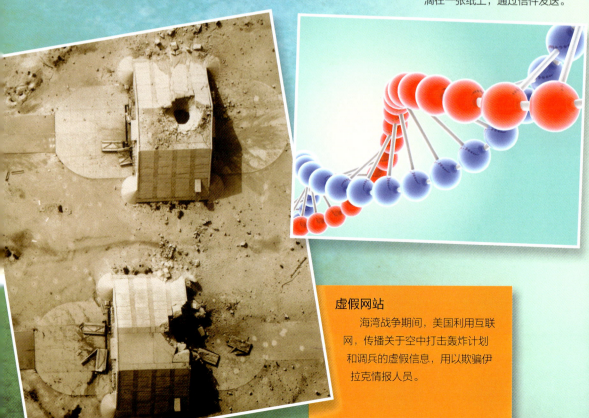

虚假网站

海湾战争期间，美国利用互联网，传播关于空中打击轰炸计划和调兵的虚假信息，用以欺骗伊拉克情报人员。

复制数据

网络间谍能够在目标不知道的情况下，从对方电脑中搜集文件和图像。他们使用"U盘"偷偷在敌人的电脑中安装某个程序，通过它远程控制目标电脑。

网络间谍活动

在现代技术的帮助下，从个人或机构窃取秘密信息，比以往更快捷，更高效。

网络间谍

网络间谍利用木马、间谍软件，或是键盘记录这样的方式，在未经目标许可的情况下，获取其电脑中的机密信息。

笔记本电脑摄像头

美国一所学校被指控监视在家中的学生。该校向学生发放笔记本电脑，可带回家，电脑上装有网络摄像头，学校官员可在自己家中激活摄像头。

智能手机追踪

在新型软件的帮助下，装有全球定位系统（GPS）的智能手机，可以变成个人追踪设备。使用者可以通过互联网，远程监控目标的位置和活动，还可监听和记录通话。

知识拓展

基地组织 (al-Qaeda)

一个国际恐怖组织，成立于 20 世纪 80 年代末，创立者是奥萨马·本·拉登和穆罕默德·阿提夫。

美国内战 (American Civil War)

1861 年至 1865 年间，美国南部和北部爆发的内战。

分析员 (analyst)

研究照片和报告并从中获取信息的人。

暗杀者 (assassin)

偷袭、谋杀别人——通常是知名政治人物——的人。

闭路电视 (CCTV)

一种电视监控系统，摄像机与电视监视器相连接，安装在有限的区域内，如街道或办公楼。

中央情报局 (CIA)

美国政府的国家安全和情报机构。

冷战 (Cold War)

20 世纪 40 年代至 90 年代初，美国和前苏联政治冲突的时期。

情报员 (courier)

将情报传送给其他间谍或机构的间谍。

情报秘密传送点 (dead drop)

间谍留下或收取情报物品的地方，无需两个间谍碰面。

破译 (decipher)

弄懂加密信息的意义。

DNA

细胞内携带基因信息的核酸。

双重间谍 (double agent)

间谍的一种，假装为一个国家工作，其实暗地里为另一个国家效力。

加密 (encrypt)

用代码或密码改变信息，让他人无法解读。

间谍活动 (espionage)

获取秘密情报的行为。

外交部 (Foreign Office)

负责处理与其他国家交往等相关事务的政府部门。

法国抵抗组织 (French Resistance)

第二次世界大战中的一个秘密组织，试图把德军赶出法国，并帮助同盟军。

情报机构 (intelligence agency)

出于国家安全和国防目的的搜集情报的政府机构。

键盘记录 (keylogging)

捕捉和记录电脑使用者的击键方式，从而获晓目标的密码或加密方法。

克格勃 (KGB)

前苏联国家安全委员会，1954 年成立，1991 年关闭。

卧底 (mole)

潜伏于某组织或国家内部的间谍。

纳粹 (Nazis)

阿道夫·希特勒领导下的德国政党的成员，他们在 20 世纪 30 年代初至第二次世界大战结束时，控制着德国。

军需官 (quartermaster)

负责为部队提供食物、衣物和装备的军官。

蓖麻毒素 (ricin)

一种致命的毒药。

窃听器 (sneakies)

间谍用来窃取秘密信息的小工具。

前苏联 (Soviet Union)

全称苏维埃社会主义共和国联盟，简称：苏联。是世界上土地面积最大的国家。

间谍组织 (spy ring)

共同协作的间谍团队，尽管他们之间也许从未谋面。

间谍组织首脑 (spymaster)

间谍组织或间谍网络的头目。

隐形飞机 (stealth plane)

经过特殊设计，无法被敌方雷达发现的飞机。

监控 (surveillance)

利用电子设备或其他技术，远程监视和窃听目标的行为。

木马 (Trojan horse)

一种电脑程序，看似有用，实际对电脑有害。

隐藏身份 (undercover)

掩饰自己的身份，博得某人或某组织的信任，以从他们身上获取秘密情报。

探索·科学百科™

Discovery EDUCATION™

· 世界科普百科类图文书领域最高专业技术质量的代表作 ·

小学《科学》课拓展阅读辅助教材

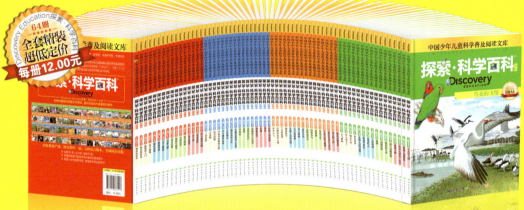

64册
全套精装
超低定价
每册12.00元

Discovery Education探索·科学百科（中阶）丛书，是7~12岁小读者适读的科普百科图文类图书，分为4级，每级16册，共64册。内容涵盖自然科学、社会科学、科学技术、人文历史等主题门类，每册为一个独立的内容主题。

Discovery Education
探索·科学百科（中阶）
1级套装（16册）
定价: 192.00元

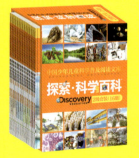

Discovery Education
探索·科学百科（中阶）
2级套装（16册）
定价: 192.00元

Discovery Education
探索·科学百科（中阶）
3级套装（16册）
定价: 192.00元

Discovery Education
探索·科学百科（中阶）
4级套装（16册）
定价: 192.00元

Discovery Education
探索·科学百科（中阶）
1级分级分卷套装（4册）（共4卷）
每卷套装定价: 48.00元

Discovery Education
探索·科学百科（中阶）
2级分级分卷套装（4册）（共4卷）
每卷套装定价: 48.00元

Discovery Education
探索·科学百科（中阶）
3级分级分卷套装（4册）（共4卷）
每卷套装定价: 48.00元

Discovery Education
探索·科学百科（中阶）
4级分级分卷套装（4册）（共4卷）
每卷套装定价: 48.00元